CATALOGUE

D'UNE JOLIE COLLECTION
DE

TABLEAUX

COMPOSÉE DES PRINCIPAUX MAITRES

des Écoles Flamande et Hollandaise,

ET

DES ANTIQUITÉS, CURIOSITÉS ET MANUSCRITS,

DONT LA VENTE AURA LIEU

Par suite du décès de M. COTTREAU,

LES LUNDI 15 ET MARDI 16 DÉCEMBRE 1851,

à une heure,

HOTEL DES VENTES,

RUE DES JEUNEURS, N° 42,

Salle n. 1,

Par le ministère de M° **BONNEFONS DE LAVIALLE**,
Commissaire-Priseur, rue de Choiseul, 11,
Et de M° **ROLIN**, Commissaire-Priseur, passage Saulnier, 12,
Assistés de M. **FERDINAND LANEUVILLE**, Expert pour les Tableaux,
rue Neuve des Mathurins, 73,
Et de M° **ROUSSEL**, Expert pour les Curiosités, rue du Dagon, 33,

Chez lesquels se distribue le présent Catalogue.

Exposition publique

Les Samedi 13 et Dimanche 14 Décembre, veille de la Vente.

PARIS

IMPRIMERIE ET LITHOGRAPHIE MAULDE ET RENOU,
Rue Bailleul, 9-11, près le Louvre.

1851

CONDITIONS DE LA VENTE.

Elle sera faite au comptant et il sera payé 5 p. 0/0 en sus de l'adjudication applicables aux frais.

On vendra les Tableaux le 15, et les Curiosités le 16.

DÉSIGNATION
DES TABLEAUX

AELST (G. Van), 1674.

1 — Une perdrix. *215*

T.—Hauteur, 47 cent. Largeur, 36 cent.

BREUGHEL.

2 — Petit paysage maritime. *32*

C.—Rond.

DU MÊME.

3 — Petit paysage. *33*

C.—Hauteur, 14 cent. Largeur, 19 cent.

DU MÊME (attribué).

4 — Vue d'un château. *119*

C.—Hauteur, 10 cent. Largeur, 13 cent.

BRAY (Van). 1633.

5 — Portrait d'homme.
B.—Ovale.

CARRACHE.

6 — Hercule enfant.
C.—Hauteur, 19 cent. Largeur, 16 cent.

COQUES (Gonzales).

7 — Portrait d'homme en noir.
B.—Ovale.

CORRÉGE (d'après).

8 — Léda.
Ovale.

DELEN (Van). Signé 1627.

9 — Intérieur d'un palais.
Hauteur, 30 cent. Largeur, 37 cent.

DYCK (attribué à).

10 — Portrait de Charles Ier.
C.—Rond.

ELSHEYMER.

11 — Moïse au buisson ardent.
Argent.

EYCK (Van).

12 — Portrait de Philippe-le-Bon, duc de Bourgogne.

Après l'assassinat de son père, Jean-sans-Peur, il se retira chez les chartreux de Dijon, et c'est là que le peintre l'a représenté, appuyé contre un des piliers du couvent et tenant un Missel dans les mains.

Messieurs les amateurs d'à présent ont trop l'intelligence de l'art pour que nous nous croyions obligé de leur rappeler la rareté des œuvres de Van Eyck, et d'insister sur le mérite de celle-ci, qui réunit à un si haut degré toutes les qualités qui ont placé de tout temps Van Eyck au rang des peintres les plus éminents, et dont la réputation s'accroît encore de jour en jour en raison du progrès de nos connaissances.

B.—Hauteur, 33 cent. Largeur, 27 cent.

GUIDE.

13 — Tête de Christ.

HEMELINCK.

14 — Adoration des Mages. Cinq sujets. Tableau à volets.

Bois.

DU MÊME.

15 — Christ en croix.

DU MÊME (genre de).

16 — Sainte-Famille.

H.—Hauteur, 44 cent. Largeur, 33 cent.

HEYDEN (Van der).

17 — Intérieur de village.

C.—Hauteur, 11 cent. Largeur, 17 cent.

HOBBÉMA.

18 — Intérieur de forêt.

B.—Hauteur, 32 cent. Largeur, 38 cent.

JANET.

19 — Portrait du chancelier de L'Hôpital.

Il tient les ordonnances de Moulins, 1560.

B.—Hauteur, 34 cent. Largeur, 23 cent.

DU MÊME.

20 — Le duc de Guise.

Hauteur, 21 cent. Largeur, 15 cent.

KEYSER.

21 — Portrait d'un bourguemestre.

B.—Hauteur, 17 cent. Largeur, 15 cent.

KOEKOEK. Signé et daté, 1838.

22 — Marine.

B.—Hauteur, 26 cent. Largeur, 31 cent.

LEYDEN (Lucas de). Gravé et daté, 1524.

23 — Le Joueur de guitare.   172

         C.—Hauteur, 14 cent. Largeur, 17 cent.

DU MÊME. Gravé.

24 — L'Arracheur de dents.   210

         B.—Hauteur, 12 cent. Largeur, 8 cent.

DU MÊME. Daté 1570.

25 — Portrait de Maximilien.   170

         B.—Hauteur, 19 cent. Largeur, 13 cent.

DU MÊME (attribué).

26 — Descente de croix. Triptyque.   151

DU MÊME (genre de).

27 — Ecce-Homo.   369

         B.—Hauteur, 28 cent. Largeur, 43 cent.

LUINI.

28 — Saint Jean.   207

         B.—Hauteur, 35 cent. Largeur, 24 cent.

MIERIS (F.).

29 — La Dame de qualité.   755

         (Collection SERREVILLE.)

       Ovale.

MIERIS (G.). 1706.

270

30 — Un Guerrier.

B.—Hauteur, 20 cent. Largeur, 16 cent.

MORALES.

8,1

31 — Saint Sébastien.

C.—Hauteur, 11 cent. Largeur, 9 cent.

MOUCHERON.

300

32 — Paysage montagneux. Figures de Linghel-back.

B.—Hauteur, 33 cent. Largeur, 26 cent.

NEEFS (Peter).

350

33 — Intérieur d'église. Effet de jour.

C.—Hauteur, 23 cent. Largeur, 31 cent.

DU MÊME.

175

34 — Intérieur d'église. Effet de nuit

C.—Hauteur, 32 cent. Largeur, 23 cent.

DU MÊME.

241

35 — Intérieur d'église. Effet de jour.

B.—Hauteur, 11 cent. Largeur, 16 cent.

NETSCHER (G.).

36 — Deux jeunes filles jouant avec des fleurs. *7 40*

B.—Hauteur, 43 cent. Largeur, 33 cent.

NETSCHER (Théodore).

37 — Portrait d'homme. *150*

C.—Ovale.

OMMÉGANCK. (Signé et daté 1684).

38 — Pâturage. *375*

B.—Hauteur, 28 cent. Largeur, 34 cent.

OSTADE (Ad.).

39 — Le Liseur de gazette. *1040*

B.—Hauteur, 17 cent. Largeur, 14 cent.

DU MÊME.

40 — Le Joueur de trictrac. *421*

B.—Hauteur, 18 cent. Largeur, 15 cent.

DU MÊME.

41 — L'Homme à la cruche. *240*

B.—Hauteur, 27 cent. Largeur, 21 cent.

DU MÊME.

42 — Le Joueur de vielle. *285*

B.—Hauteur, 26 cent. Largeur, 22 cent.

DU MÊME.

43 — Intérieur de basse-cour.
B.—Hauteur, 26 cent. Largeur, 22 cent.

DU MÊME.

44 — Un homme qui danse.
Aquarelle.

DU MÊME (attribué).

45 — Un homme et une femme à une fenêtre.
B.—Hauteur, 17 cent. Largeur, 14 cent.

POELEMBURG (C.).

46 — Des Baigneuses.
C.—Hauteur, 13 cent. Largeur, 16 cent.

POTTER (P., attribué à).

47 — Paysage et Animaux.
C.—Hauteur, 73 cent. Largeur, 69 cent.

DU MÊME (attribué).

48 — Un chien gardant du gibier.
T.—Haut., 1 mèt. 21 c. Larg., 1 mèt. 3 c.

REYNOLDS.

49 — Un enfant jouant avec une poule.
T.—Hauteur, 46 cent. Largeur, 39 cent.

RIBERA.

50 — Adoration des Bergers. *600*

T.—Hauteur, 43 cent. Largeur, 41 cent.

RUBENS (attribué).

51 — Portrait d'homme. *220*

T.—Ovale.

RUYSDAEL (J.).

52 — Paysage marécageux. *2250*

B.—Hauteur, 24 cent. Largeur, 30 cent.

SALAINO (Andrea).

53 — La Sainte Vierge et l'Enfant-Jésus. *200*

(Collection DEMIDOFF.)

B.—Hauteur, 21 cent. Largeur, 17 cent.

SANTERRE.

54 — Une femme à une fenêtre. *109*

B.—Hauteur, 17 cent. Largeur, 13 cent.

SCHALKEN.

55 — Portrait de femme.

C.—Ovale.

SLINGELANDT.

56 — Jeune femme se regardant dans un miroir. *590*

B.—Hauteur, 16 cent. Largeur, 13 cent.

DU MÊME.

200 57 — La femme à la cage.

B.—Hauteur, 17 cent. Largeur, 13 cent.

STELLA.

177 58 — Saint Jean et l'Enfant-Jésus.

Sur pierre.

DU MÊME.

59 — Sainte-Famille.

Sur pierre.—Ovale.

DU MÊME (genre de).

72 60 — Sainte-Famille.

C.—Hauteur, 22 cent. Largeur, 17 cent.

TÉNIERS.

1860 61 — Vue de Flandres.

(Collection de la comtesse de VERUE.)
(Collection de LORENGÈRE.)

B.—Hauteur, 26 cent. Largeur, 37 cent.

DU MÊME.

650 62 — La Marchande de liqueurs.

(Collection de madame de VERUE.)

B.—Hauteur, 16 cent. Largeur, 11 cent.

DU MÊME.

63 — Le Joueur de vielle.

B.—Hauteur, 15 cent. Largeur, 12 cent.

DU MÊME.

64 — Un homme faisant une quête.

B.—Hauteur, 27 cent. Largeur, 21 cent.

DU MÊME.

65 — Intérieur de corps de garde.

T.—Hauteur, 39 cent. Largeur, 47 cent.

DU MÊME.

66 — Petit paysage.

B.—Hauteur, 13 cent. Largeur, 11 cent.

DU MÊME.

67 — Un Moine et l'Enfant-Jésus. Pastiche dans le genre espagnol.

T.—Hauteur, 24 cent. Largeur, 18 cent.

TERBURG (G.). Signé et daté 1667.

68 — Portrait du prince d'Orange, Guillaume III, roi d'Angleterre.

T.—Hauteur, 77 cent. Largeur 58 cent.

DU MÊME.

69 — Une dame assise, tenant un petit chien sur ses genoux, près d'elle est sa servante.

T.—Hauteur, 04 cent. Largeur, 70 cent.

VAN DYCK (d'après).

70 — Christ en croix.

C.—Hauteur, 11 cent. Largeur, 9 cent.

VELDE (AD. VAN DEN).

71 — Deux moutons.

T.—Hauteur, 12 cent. Largeur, 17 cent.

INCONNU.

72 — Portrait de René Descartes.

C.—Rond.

73 — Portrait d'Isabeau de Bavière.

74 — Portrait de Valentine de Milan.

B.—Hauteur, 13 cent. Largeur, 9 cent.

75 — Portrait d'un prince allemand.

C.—Hauteur, 22 cent. Largeur, 17 cent.

76 — Portrait d'une femme avec des fleurs dans les cheveux.

C.—Rond.

77 — Portrait de femme dans un riche costume.

C.—Ovale.

78 — Une jeune fille tenant un oiseau.

B.—Hauteur, 19 cent. Largeur, 14 cent.

GOTHIQUE.

79 — L'Annonciation. Diptyque.

GOTHIQUE.

80 — Une Nativité.

B.—Hauteur, 70 cent. Largeur, 44 cent.

ÉCOLE ITALIENNE.

81 — L'Enfant-Jésus endormi.

T.—Hauteur, 48 cent. Largeur, 63 cent.

82 — L'Adoration des Mages.

ÉCOLE VENITIENNE.

83 — Petit portrait d'un cardinal.

ÉCOLE FLAMANDE.

84 — Petit portrait d'homme.

C.—Ovale.

ECOLE FLAMANDE.

85 — Petit portrait avec collerette.

C.—Rond.

ÉCOLE FRANÇAISE.

86 — Portrait de Philippe V.

C.—Hauteur, 26 cent. Largeur, 20 cent.

IDEM.

87 — Portrait d'Élisabeth Farnèse, sa femme.

C.—Hauteur, 26 cent. Largeur, 20 cent.

IDEM.

88 — Portrait d'un cardinal.

C.—Hauteur, 25 cent. Largeur, 20 cent.

89 — Catalogue des Galeries les plus célèbres, avec les prix et le nom des acheteurs.

DÉSIGNATION

DES OBJETS D'ART

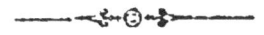

ANTIQUITÉS.

1 — Miroir grec en bronze, couvert d'une belle patine et bien conservée, offrant un sujet bacchique gravé au trait; d'un dessin remarquable.

2 — Petit lacrymatoire en verre irisé.

3 — Peinture à fresque; une des Parques, provenant d'Herculanum.

4 — Belle statuette en bronze antique: Ganymède debout; il tient dans la main droite une coupe et de la gauche un vase. Cette statuette est ornée d'un collier auquel est suspendue une bulle en or, les yeux sont incrustés en argent, provenant de la collection Ruxiel.

5 — Camée antique sur sardonyx à deux couches: Mercure debout, monté en épingle.

6 — Autre camée sur agate à deux couches: une Panthère.

— 18 —

29   7 — Intaille sur plasma : femme debout près d'un cippe; montée en épingle.

127   8 — Une belle paire de boucles d'oreilles en or, les pendants sont formés par de petites figurines de Cupidon ; beau travail antique.

14   9 — Trois intailles sur cornaline, non montées.

10 — Trois scarabées sur cornaline, jaspe et lapis.

7.10   11 — Scarabée avec intaille sur sardonyx, monté en cachet d'or.

34   12 — Intaille sur sardoine; sujet érotique; monté en bague.

82   13 — Intaille sur nicolo; tête de Janus.

26   14 — Petit flacon en lapis lazuli; monture antique, en or.

OBJETS DU MOYEN-AGE.

241   15 — Plaque carrée en émail bizantin du XIIe siècle, représentant la descente du Saint-Esprit sur les Apôtres. Cette plaque est de belle conservation et provient du cabinet de M. Debruge.

20   16 — Petit médaillon : la Vierge et l'Enfant-Jésus, nielle sur argent.

17 — Beau calice en or fin, repoussé; travail du XIVe siècle; provenant du trésor de Bâle.

268   18 — Calice en argent doré orné d'émaux à dessins champlevés, et d'ornements découpés à jour; travail du XVe siècle.

19 — Figurine en argent; le roi David.

20 — Petit triptyque greco-russe, orné de peintures très fines sur fond doré.

21 — Trois sceaux gothiques en cuivre, deux sont monastiques et l'autre d'une ville d'Italie.

22 — Plaque ronde en argent niellé et gravé, représentant plusieurs sujets de la vie du Christ, par Giorgio Pentz.

23 — Bague gothique abbatiale, avec inscription en vieux anglais; un ange gardien en forme le chaton, XIVe siècle.

Ivoires Sculptés.

24 — Espèce de rétable composé de trois bas-reliefs, représentant le martyre de saint Jean; sur celui du milieu est représenté le roi Hérode assis sur son trône, ordonnant le supplice du saint; sur celui de droite deux personnages drapés dont un tient et embrasse la tête du saint, et sur celui de gauche le bourreau remettant son épée dans le fourreau. Cette sculpture dont tous les détails sont très fins, doit appartenir à l'époque du Bas-Empire.

25 — Diptyque dont les deux feuilles sont cintrées dans le haut; celle de gauche offre le Christ debout et drapé, sur l'autre la Vierge debout tenant l'Enfant-Jésus, travail des premiers temps du

moyen-âge. Les inscriptions en lettres gothiques dorées qui entourent les figures parais-
sent d'une époque postérieure à la sculpture.

26 — La Vierge debout portant l'Enfant-Jésus; sculpture de ronde bosse, placée sous un portique à
ogives, soutenu par des colonnettes. Fragment
d'un autel domestique dont les volets man-
quent; travail italien du XIVe siècle.

27 — Dessus d'une boîte à miroir du XIVe siècle, orné
d'un bas-relief représentant un sujet tiré d'un
roman de l'époque.

28 — Tablette du XIVe siècle, ornée d'un bas-relief, et
un bas-relief d'applique provenant d'une paix,
représentant Dieu le père tenant le Christ en
croix sur ses genoux.

29 — Diptyque du XVIe siècle, dont les volets sont ornés de quatre bas-reliefs à sujets tirés de la
vie du Christ.

30 — Beau diptyque du XVe siècle, offrant en sculpture
de haut-relief les sujets suivants: La Cruci-
fixion, l'Adoration des Mages, l'Annonciation
et la Résurrection.

31 — Bas-relief en os; la Sainte-Famille.

32 — Statuette d'évêque; travail espagnol.

33 — Cinq pièces provenant d'un triptyque du XIVe siècle; sculpture en bas-relief et coloriée, représentant la Vierge et plusieurs saints personnages.

34 — Petite statuette de saint Bruno.

35 — Chapelet dizain dont les grains sont ornés de fleurs de lis et de la lettre H couronnée, en piqué d'or; ce qui indique qu'il a dû appartenir à Henri IV, le travail étant de cette époque.

Bois Sculptés.

36 — Joli groupe du XVI° siècle; la Vierge couronnée par des anges est assise sur un siége que supportent d'autres anges en jouant de divers instruments de musique, ses pieds reposent sur des lions couchés. Ce petit monument curieux est remarquable par la finesse des détails de la sculpture entièrement évidée et prise dans le même morceau de bois.

37 — Petite croix ornée sur ses deux faces, de bas-reliefs à sujets tirés de la vie du Christ; travail grec du XVI° siècle.

38 — Bas-relief en bois noirci, représentant le portrait d'un pape, avec cette inscription : Léon P.

39 — Diptyque orné de sujets sculptés en bas-relief; travail allemand du XV° siècle, provenant de la collection de M. Debruge.

40 — Petit bas-relief bizantin; sujet de sainteté.

41 — Deux petits médaillons formant diptyque avec monture en argent gravé, offrant les sujets de la mise au tombeau et de la Vierge assise, te-

nant l'Enfant-Jésus sur ses genoux ; sculpture en bas-relief finement exécutée, XVIe siècle.

42 — Petit triptyque avec bas-reliefs découpés à jour ; monture en argent.

43 — Beau bas-relief en marbre blanc, sujet tiré de l'histoire romaine ; travail du XVIe siècle, d'une bonne exécution.

44 — Buste d'homme en bas-relief ; son vêtement est chargé de fleurs de lis, avec cette inscription gravée en creux : P. Dux M L I.

45 — Jolie statuette de moine pleureur, provenant des tombeaux des ducs de Bourgogne.

46 — Buste d'enfant en marbre blanc ; charmante sculpture attribuée à François Flamand, sur socle en marbre incrusté de mosaïques.

Objets Divers.

47 — Beau bijou en or émaillé du XVIe siècle, représentant un chevalier sur un cheval griffon ailé. Ce bijou est enrichi de diamants et de rubis.

48 — Tabatière carrée en écaille garnie en or, avec portrait de femme du temps de Louis XIV ; genre de Petitot.

49 — Intaille sur cristal de roche enfumé : le Laocoon et ses fils ; monté en argent doré.

50 — La mise au tombeau ; bas-relief en or émaillé du XVIe siècle, enrichi de rubis et de perles.

51 — Beau portrait de Pie V; émail de Limoges, cadre en écaille et ébène.

52 — Petit cabinet italien en bois d'ébène; les tiroirs sont incrustés d'ivoire.

53 — Deux belles miniatures sur vélin; Charles Ier, roi d'Angleterre, et sa femme; les cadres en argent ciselé sont ornés d'enfants et de cornes d'abondance.

54 — Nymphe surprise par un satyre; miniature sur ivoire dans le style de Boucher.

55 — Médaillon en bronze par Warin; Marguerite de Crequy, 1651.

56 — Amorçoir formé d'une petite gourde gravée, à sujets historiques; garnie en ivoire.

57 — Neuf talismans arabes gravés en creux, sur sardoine orientale.

58 — Le portrait du cardinal de Richelieu; peinture sur émail, d'après Petitot.

59 — Le portrait de Mme de Montbazon; peinture émaillée sur or, par Petitot.

60 — Le portrait de Louis XIV; peinture sur émail, d'après Petitot.

61 — Montre du XVIe siècle, dans sa boîte à pans en argent, finement gravée.

62 — Petit lingot en argent, portant des caractères chinois; sorte de monnaie du pays.

63 — Petit cachet en argent, du temps de Louis XV.

64 — Cabochon en cristal de roche, renfermant une goutte d'eau mobile, monté en bague.

65 — Miniature; portrait de femme du temps d'Elizabeth d'Angleterre, avec cadre en cuivre émaillé.

66 — Miniature; portrait de femme du temps de Louis XV.

67 — Autre miniature très ancienne; portrait de femme.

68 — Deux jolies miniatures; portraits d'homme et de femme, peintures à l'huile sur argent, anno 1610.

69 — Enfant couché; bronze ancien.

Vitraux.

70 — Vitrail suisse; un des mages sur un chameau, peinture coloriée.

71 — Vitrail rond colorié, du temps de saint Louis.

72 — Vitrail suisse colorié; un monastère avec date de 1540.

73 — Vitrail; têtes de saints en couleur.

74 — Vitrail suisse; armoiries, colorié, 1535.

Manuscrits sur Vélin.

75 — Livre d'heures du XIV° siècle; manuscrit sur vélin, ornée d'initiales dorées. *16*

76 — Bréviaire du XIV° siècle, avec lettres initiales en couleur. *24*

77 — Missel du XIV° siècle, commençant par un calendrier et orné de quarante et une grandes miniatures et soixante-sept petites, avec grand nombre de vignettes. *2,11*

78 — Autre missel du XV° siècle, avec calendrier orné de onze grandes miniatures et de vignettes. *107*

79 — Missel en musique du XV° siècle.

80 — Livre d'heures du XV° siècle, imprimé sur vélin avec de nombreux sujets et des vignettes margeinales à chaque page. *31*

81 — Manuscrit sur vélin avec initiales et armoiries, 1491. *14*

82 — Petit manuscrit arménien du XV° siècle, orné de nombreuses initiales et de vignettes. *90*

83 — Bible manuscrite sur vélin, ornée d'environ quatre-vingts petites miniatures et initiales. *103*

84 — Livre d'heures du XII° au XIII° siècle, avec grand nombre de petites initiales et de vignettes très riches. *40*

85 — Missel en musique, orné de douze miniatures très fines. *47*

86 — Petit livre d'heures du XIV° siècle, orné de miniatures et de vignettes très fines.

78 — Poëme manuscrit sur vélin.

88 — Petit livre d'heures du XVI° siècle, orné de vignettes et de miniatures.

89 — Livre d'heures sur vélin.

90 — Manuscrit sur vélin, orné de miniatures et de vignettes, XIV° siècle.

91 — Petite bible du XIV° siècle, avec initiales en couleur; belle reliure avec fermoir en argent.

92 — Missel du XVI° siècle, orné de treize belles miniatures et de vignettes.

93 — Petit livres d'heures, orné de trente-quatre miniatures et d'un grand nombre de vignettes, XIII° au XIV° siècle.

94 — Le mystère de la Conception, comédie imprimée sur vélin, à Paris, au XV° siècle; il porte l'écusson de France avec les emblèmes de François Ier.

www.ingramcontent.com/pod-product-compliance
Lightning Source LLC
Chambersburg PA
CBHW030109230526
45471CB00003B/1327